Como mudarte para Orlando, Florida

Mi Mama vino a Orlando SOLA hace unos 39 años atrás.

Financió su viaje con ahorros que tenía y la ayuda de mi Abuelo.

Nos dejo en casa de unas Tías (4 hijos - 15, 14, 12, 11 años de edad) en Puerto Rico por 2 meses en lo que ella buscaba auto, casa, trabajo, muebles, ropa y escuela para nosotros.

Nos mando a buscar cuando las clases se acabaron en Puerto Rico y llegue aquí en Mayo 15, 1977. Ese mismo día Ella nos llevó a Disney para que viéramos el Castillo desde afuera. No teníamos dinero para entrar ese día pero la pasamos súper bien en nuestra nueva aventura.

Ese primer año fue difícil económicamente, pues no conocíamos aquí a nadie y éramos solo nosotros, pero eso nos unió grandemente como Familia y sobrevivimos.

En los próximos años, el resto de la Familia se vino a vivir a Orlando y las cosas se mejoraron al crecer el grupo Familiar.

Yo soy el producto del esfuerzo, la valentía y el deseo de una Madre de darles una nueva vida a sus hijos.

Gracias a lo que ella hizo, TODA mi Familia se ha beneficiado.

No fue fácil, pero valió la pena.

Gracias Mami...no sería quien soy sin el ejemplo que me distes.

Dedico estas letras a ti...

Dedicado a Lourdes Elisa Guillermety

Enero 16, 1944 – Mayo 5, 2012

Te mudas para Orlando, Florida?

Aqui tienes informacion de:

- Donde quedarte cuando llegues
- Como y donde conseguir trabajo
- Dirección Postal Local
- Teléfono Local
- Ingles en la entrevista de trabajo
- Precios y costos de alquilar vivienda
- Mascotas
- Comprar Vivienda
- Financiamiento
- Buscar Vivienda con Agente de Bienes Raíces
- Luz, agua, cable y teléfono
- Escuela en Orlando para tus hijos y requisitos
- Licencias de conducir
- Título, seguro y tablilla para su auto
- Servicios del Gobierno / Ayudas
- Servicios médicos
- Clases de Ingles
- Diversión Familiar
- Presupuesto Mensual
- Cuanto dinero necesitas para empezar?

1. **Donde quedarte cuando llegues**

Cuando llegues a Orlando, te sugiero que te quedes en un lugar económico y céntrico. Este lugar será tu dirección postal y teléfono local el cual usaras cuando busques trabajo. Esta será tu base de operaciones para buscar trabajo, vivienda y escuelas para tus hijos.

Te sugiero:

www.homesuitehome.com

www.intownsuites.com

Ellos cobran entre $179.00 a $329.00 por semana, pero si incluye todas las utilidades, no hay que hacer contrato, y no te chequean el crédito.

Estos hoteles tienen privacidad, seguridad, buena localización, son económicos y muchos tienen cocina. Usualmente tienen un supermercado y lugares económicos para comer cerca.

Si alquilas por un mes o más, usualmente te dan un descuento y así puedes ahorrar dinero. Prepárate a pagar desde $100 a $300 de depósito, el cual te devuelven después que desocupes el hotel.

Tambien hay hoteles económicos en la 192 en Kissimmee, cerca de el marcador de milla 15.

2. Como y donde conseguir trabajo

Sentarte en tu casa y llenar aplicaciones 'online' todo el dia, no es buscar trabajo.

Salir a la calle, tocarle en la puerta con resume en mano y hablar, cara a cara, con los que esta buscando empleados, si lo es.

Entiende que estas compitiendo por ese empleo con otras personas y tienes que ser mas agresivo que ellos en cuanto a buscar trabajo.

Buscar trabajo es tu trabajo, si es que estas desempleado.

Yo te aseguro que si tu te tiras una semana completa y usas ese tiempo solo para buscar empleo, lo consigues.

Aqui en Orlando hay trabajo para el que quiera trabajar...

En el 2016, más de 70 MILLONES de personas visitaron a Orlando y sus atracciones.

Orlando es una ciudad dinámica y es la ciudad más visitada del Mundo debido a las famosas atracciones como Walt Disney World Resort, Universal Orlando y Sea World Orlando.

Si vienes a buscar trabajo, estos son los primeros sitios en que vas a aplicar.

Estos lugares necesitan de todo; personal de ventas, reservaciones, cocineros, front desk, housekeeping, atracciones, seguridad, servicios al cliente, servicios médicos, estacionamiento, plomeros, carpinteros, electricistas, pintores, sastres, técnicos en computación, meseros, barrenderos, valet parking, barberos, técnicos de uñas, salvavidas, limpieza, instructores de tenis y de golf y muchos más.

Ellos prefieren que llenes la solicitud de empleo "online" y muchos también quieren que abras un "profile" online.

Todo esto lo tienes que hacer en INGLES. Si no escribes bien el Ingles, te sugiero busques a alguien que te ayude o que contrates a alguien.

Los gerentes de Recursos Humanos prestan mucha atención a la gramática en las aplicaciones de empleo y una aplicación mal escrita te puede costar el empleo.

Te sugiero estas compañías grandes cuando busques trabajo:

Empleos en la Zona Turistica

Walt Disney World Resort

3111 World Dr.

Lake Buena Vista, FL 32830

(407) 939-6244

http://waltdisneyworld.jobs/

Universal Studios® Orlando

6000 Universal Blvd.

Orlando, FL 32819

(407) 363-8000

http://www.universalorlandojobs.com/

Sea World Orlando

7007 SeaWorld Dr.

Orlando, FL 32821

(888) 800-5447

http://careers.seaworldparks.com/Scripts/Home/Default.aspx

International Drive

En International Drive (área Universal Studios y Sea World), en Lake Buena Vista y en la 192 West (área Disney) hay muchos hoteles, restaurantes, atracciones, tiendas, y resorts que siempre están buscando empleados.

Si buscas trabajo en el área turística, entiende que cuando mas hay trabajos es el la temporada alta en Verano, Navidades y Semana Santa. Siempre es bueno comenzar a buscar empleo unas 3 a 4 semanas antes de que empiece la temporada alta.

Cuando no hay clases escolares es cuando más personas visitan a Orlando de vacaciones con su Familia. Esta es la temporada alta en turismo y hay que aprovecharla.

El Turismo es la industria más grande del centro de la Florida y la que ofrece más empleos.

Empleos en los Hospitales

Adventist Health System

111 North Orlando Ave.

Winter Park, FL 32789

(407) 647-4400

http://www.adventisthealthsystem.com/page.php?section=careers

Florida Hospital

601 East Rollins St.

Orlando, FL 32803

(407) 303-5600

http://www.floridahospitalcareers.com

Orlando Regional Healthcare System

1414 Kuhl Ave.

Orlando, FL 32806

(321) 843-7000

http://www.orlandohealth.com/careers

Veterans Hospital in Lake Nona

13800 Veterans Way, Orlando, FL 32827

Phone: (407) 631-1000

http://www.orlando.va.gov/careers/

Empleos en las Escuelas

Orange County Public Schools

445 W. Amelia St.

Orlando, FL 32801

(407) 317-3200

https://www.ocps.net/es/hr/employ/Pages/default.aspx

Osceola County Schools

http://www.osceola.k12.fl.us/Spanish%20Website/Spanishwebsite.asp

Polk County Schools

http://www.polk-fl.net/parents/spanish/default.htm

Brevard County Schools

http://www.edline.net/pages/Brevard_County_Schools/

Volusia County Schools

http://myvolusiaschools.org/

Lake County Schools

http://lake.k12.fl.us/

Empleos en el Aeropuerto Internacional de Orlando

El aeropuerto internacional de Orlando recibió 35 Millones de pasajeros el año pasado y es servido por más de 30 aerolíneas, múltiples compañías de alquiler de autos, hoteles, restaurantes y compañías de transportación.

Estos son buenos sitios para buscar trabajo y lo bueno es que todas estas compañías están concentradas en el aeropuerto y sus alrededores. En un día puedes llenar muchas aplicaciones de empleo en un mismo sitio.

Greater Orlando Aviation Authority

Human Resources Department

5855 Cargo Road

Orlando, FL 32827-4399

Fax: (407) 825-2099

Job Opportunity Hotline: (407) 825-2253

http://www.orlandoairports.net/hr/index.htm

En este lugar preparan la comida para los aviones.

LSG Sky Chefs Inc

8680 Bear Rd

Orlando, FL 32827

(407) 851-7590

http://www.lsgskychefs.com/

Empleos en el Florida Mall

Este es uno de los centros comerciales más grandes de la Florida Central y ofrece muchos trabajos en ventas, restaurantes, seguridad, servicios al cliente, limpieza y otros servicios.

8001 South Orange Blossom Trail

Orlando, Florida 32809

407-851-7234132 US

http://careers.simon.com/openjobs

Premium Outlet Mall

8200 Vineland Avenue

Orlando, FL 32821

(407) 238-7787

http://www.simon.com/mall/orlando-premium-outlets--vineland-ave

Empleos en el Millenia Mall

4200 Conroy Road

Orlando, Florida 32839

407-363-3555

http://www.mallatmillenia.com/employment

Empleos en Mears Transportation

324 W Gore St, Orlando, FL 32806

(407) 422-4561

Mears Transportation es la compañía de transportación más grande del Centro de la Florida y la que más trabajo ofrece en transportación.

Ellos tienen taxis, towncars, limosinas, vanes de 7 y 15 pasajeros y autobuses de 32 y 52 pasajeros.

Ellos también son la compañía oficial de

transportation de Walt Disney World Resort.

https://www.mearstransportation.com/our-company/careers

Empleos en SunRail - Tren en Orlando

801 SunRail Dr

Sanford, FL 32771

1-855-RAIL-411 or 1-855-724-5411

http://business.sunrail.com/welcome/page/jobs

Empleos en Linx Bus Services

LYNX Central Station

455 N. Garland Ave.

Orlando, Fla. 32801

http://www.golynx.com/careers/

Empleos en el Orange County Sheriff

PO BOX 1440

Orlando, FL. 32802-1440

(407) 254-7000

https://www.ocso.com/Careers/Employment-Information

Empleos en City of Orlando

400 S. ORANGE AVENUE

PO BOX 4990

ORLANDO, FL 32802-4990

(407) 246-2121

https://www.governmentjobs.com/careers/orlando/

Empleos en Westgate Resorts

5601 Windhover Dr.

Orlando, Florida 32819

407-351-3351

http://westgateresorts.com/about/careers/

Empleos en Publix Supermarkets, Inc.

3300 Publix Corporate Parkway

Lakeland, FL 33811

(863) 688-1188

http://corporate.publix.com/careers/support-areas/current-openings

Empleos en Wal-Mart Stores Inc.

http://jobs.walmart.com/orlando-jobs

Sitios en el internet para buscar Empleo

www.careerbuilder.com

www.orlandosentinel.com

www.indeed.com

www.monster.com

www.craigslist.com

Dirección Postal Local

También es importante que cuando llenes la solicitud de empleo, que pongas una dirección postal LOCAL de Orlando. Y un número de teléfono LOCAL de Orlando.

Si pones una dirección y un teléfono de otro estado o de otro país, se te hará más difícil que te consideren para un empleo.

Estas compitiendo con otras personas por ese empleo y ellos siempre van a escoger a las personas que tienen dirección postal de Orlando.

Hay compañías locales que te pueden conseguir una dirección local, la cual te alquilan por 3 meses.

Te sugiero:

http://www.theupsstore.com/pages/locations

Usa esta dirección para recibir correspondencia hasta que por fin te mudes a tu nuevo hogar. Si quieres renovar por más tiempo, lo puedes hacer. También puedes usar la dirección postal de tu hotel.

Teléfono Local

Hay muchas opciones de compañías locales que te pueden vender un teléfono celular. Puedes comprar un celular desde $20, sin contrato, por algo básico con minutos prepagados en el 7-Eleven o en Wal-Mart.

Y claro, existen compañías que ofrecen mejores teléfonos y mejores planes de servicios.

Te sugiero:

Metro PCS

www.metropcs.com

Vonage

https://espanol.vonage.com/personal

Ingles en la entrevista de trabajo

Lo más importante es que cuando vayas a una entrevista de trabajo, entiendas que la entrevista será en Ingles y si no te puedes dar a entender o no puedes entender bien al que te entrevista, no serás considerado para el empleo.

El no hablar o entender el Idioma te limitara en los trabajos que vas a poder conseguir y acuérdate que estas compitiendo por un trabajo con personas que si hablan el Ingles.

Esto es vital, que te puedas dar a entender en la entrevista. La timidez de hablar el Ingles no te ayudara en tu búsqueda de trabajo.

Te sugiero que vayas practicando en tu casa como vas a expresarte en la entrevista en Ingles. Prepárate bien en esta área y tendrás más éxito en tu búsqueda de empleo.

3. Precios y costos de alquilar vivienda

Aquí en Orlando hay un sinnúmero de opciones para vivienda,
sea para alquilar o comprar.

Precios promedios de rentas por mes en 2017:

$ 700	Studio o Cuarto
$ 900	1 Dormitorio
$1100	2 Dormitorios
$1400	3 Dormitorios
$1700	4 Dormitorios

Algunos sitios cuestan más y otros cuestan menos,

pero esto te da una idea de cuánto cuesta alquilar por mes.

Si piensas alquilar vivienda, acuérdate que los dueños de estas
viviendas quieren un contrato de un año y quieren que te mudes el día
(1) primero del mes.

Si tienes buen crédito, usualmente solo te cobran el primer mes de
renta y un (1) mes de depósito.

Si tienes mal crédito, probablemente te cobraran el primer mes de
renta, más dos (2) meses de depósito.

Hay lugares que también te cobran un "application fee" de usualmente $25.00 a $350.00 para ver como esta tu crédito.

Este "application fee" no es reembolsable si no te aprueban la vivienda por mal crédito, por lo tanto, si sabes que tienes mal crédito, no apliques en estos sitios.

Entiende que hay lugares que no te alquilan si tienes mal crédito y se te va a hacer más difícil tu búsqueda de vivienda si tienes mal crédito. Hay lugares que no te alquilan si tienes mal crédito.

Cuando alquiles vivienda ellos te van a pedir que tengas un ingreso mensual verificable de 3 veces la renta. Hay excepciones pero esta es la regla.

Muchos apartamentos también te exigen que tengas un seguro de inquilino, que te puede costar entre unos $10 a $30 por mes, dependiendo de la compañía que elijas.

Te recomiendo busques en los siguientes lugares:

www.rental.com

www.realtor.com

www.zillow.com

www.craigslist.com

www.orlandosentinel.com/

http://www.apartmentguide.com/apartments/Florida/Orlando/

En esos websites te van a pedir la siguiente información:

Cuantos dormitorios y baños quieres?

Cuanto quieres pagar por mes?

La ciudad y el código postal de donde buscas.

4. Mascotas

Orlando es una ciudad bien "pet friendly" y las mascotas, en muchos lugares, se les considera como un miembro de la familia.

Por lo tantos existen muchos servicios para su mascota, desde excelentes veterinarios, tiendas totalmente dedicadas a las mascotas, hoteles y spas de mascotas y muchos sitios para llevar y disfrutar con tu mascota.

Pero tener mascota envuelve unos gastos adicionales si decides alquilar una vivienda; el dueño de la vivienda probablemente te cobrara un depósito de mascotas, entre $100 a $500. Hay lugares que cobran más. y hay lugares que no permiten mascotas.

También hay lugares que no permiten ciertas razas de mascotas y casi todos los lugares tienen restricciones de peso (no más de 25 libras) y cantidad de mascotas (no más de 2).

Hay excepciones, pero esto es lo normal.

5. Comprar Vivienda

Comprar vivienda es una decisión importante y probablemente la inversión y el gasto económico más grande de su Familia.

Este es el lugar donde se van a criar sus hijos y donde su Familia tendrá sus pertenencias y memorias.

El periódico local Orlando Sentinel publicó un artículo en Enero 15, 2014 diciendo que el precio promedio en Orlando, Florida por una vivienda es de $149,625 y que los precios habían subido un 24% en un año.

http://articles.orlandosentinel.com/2014-01-15/business/os-orlando-home-prices-20140115_1_sales-prices-interest-rates-home-price

Esas son buenas noticias para el que quiere ser dueño de propiedad en Orlando, Florida.

Donde buscar viviendas:

www.realtor.com

www.zillow.com

www.craigslist.com

www.orlandosentinel.com/

6. <u>Financiamiento</u>

Antes de buscar vivienda para comprar, hay que buscar financiamiento.

Muy pocas personas compran casa y la pagan en efectivo. La mayoría de las Familias compran su casa con financiamiento y ese es el primer paso antes de buscar vivienda para comprar.

Su pago inicial y el estado de tu crédito es lo más importante cuando se busca financiamiento para comprar una vivienda.

Es importante ponerte en contacto con una compañía local de financiamiento. Ellos te van a dar una explicación de tu reporte de crédito y de acuerdo a eso, cuanto te pueden prestar.

Mientras más alto este tu "FICO Score", mas bajo la tasa de interés y más bajo los pagos mensuales de tu hipoteca.

Es bueno tener un buen pago inicial, típicamente un 10% a 20% del costo de la vivienda, dependiendo del crédito. Muchas compañías exigen un 35% de pago inicial a personas que tienen mal crédito.

También hay que pagar por una inspección de la vivienda y por una inspección de termitas. Hay gastos de survey, seguros, puntos y gastos de cierre que hay que considerar cuando calcules tu presupuesto si compras una casa usada.

Si compras una vivienda nueva, muchos de estos gasto ya están incluidos en el costo de la vivienda.

Al obtener una carta de la compañía de financiamiento indicando cuánto dinero están dispuestos a prestarte, entonces podemos empezar a buscar vivienda basado en tus posibilidades financieras.

Para buscar financiamiento vas a necesitar los siguientes documentos.

- Estados de banco por 12 meses.

- Talonarios de cheques de su trabajo por 6 meses.

- Planillas de Impuestos y Contribuciones por 2 años.

- Carta de banco confirmando fondos para pago inicial y gastos de cierre.

- Tarjeta de identidad.

Donde conseguir tu Reporte de Credito

www.annualcreditreport.com/index.action

7. Buscar Vivienda con agente de Bienes Raíces

Donde esté ubicada tu vivienda será determinado por el tamaño de tu Familia, necesidades escolares, y proximidad a empleos y servicios.

Si no conoces el área es importante que hables con alguien que conoce y vive en el área, tal como un agente de bienes raíces local.

Los servicios de estas personas usualmente son pagados por el Dueño / Vendedor de la casa y no te cuesta nada por sus servicios.

Algunos cobran una pequeña cuota por abrirte el expediente para cubrir sus gastos administrativos.

Este agente, típicamente tiene acceso a todas las casas disponibles en el Centro de la Florida y te puede ayudar a que tu búsqueda sea rápida y efectiva.

Este agente te representa a ti y a tus intereses en cuanto a la búsqueda de una vivienda y su experiencia y conocimiento es invaluable.

8. Luz, agua, cable y teléfono

Cuando te mudes a tu vivienda, es importante que le conectes la electricidad y otros servicios.

La compañías de eléctricidad local se llaman:

Progress Energy / Duke Energy

www.progressenergy.com

Florida Power

https://www.fpl.com/

Cuando te comuniques a conectar la electricidad, te van a pedir un depósito, usualmente entre los $100.00 a $375.00, dependiendo de tu crédito.

La mayoría de las viviendas se alquilan con el agua incluida, pero no todas. El dueño de la vivienda te dejará saber a quién pagarle el agua

Hay compañías locales que te ofrecen cable, teléfono y internet por aproximadamente $140.00 por mes. Ellos tienen diferentes ofertas y te recomiendo que regatees con ellos y le pidas mejores precios.

Existe mucha competencia y eso es bueno para el consumidor, pues crea buenos precios y ofertas.

www.dishnetwork.com

www.spectrum.com

9. Escuela en Orlando para tus hijos y requisitos

Orange County Schools

https://www.ocps.net/Pages/default.aspx

ORANGE COUNTY PUBLIC SCHOOLS

INFORMACIÓN DE INSCRIPCIÓN ESCOLAR

Para inscribir a su hijo/a en la escuela, se necesitan los siguientes documentos:

· Verificación del Nombre Legal

· Certificado de Nacimiento

· Tarjeta de Seguro Social

Verificación de edad (con uno de los siguientes):

· Certificado de Nacimiento

· Pasaporte

Para entrar en kindergarten, los niños deben haber cumplido 5 años de edad en o antes del 1ro de septiembre

Para entrar en primer grado, los niños deben haber cumplido 6 años de edad en o antes del 1ro de septiembre.

Prueba de Inmunización y Examen Físico

Prueba de vacunas en Formulario 680, el cual puede obtener en el Departamento de Salud del Condado Orange.

La oficina central queda localizada en el

832 W. Central Blvd,

Orlando, Florida 32801

(407) 836-2600

- Prueba de examen por un doctor de Estados Unidos.
- Historial académico
- Información sobre educación especial (si aplica)

Verificación de residencia en el Condado Orange

con uno de los siguientes documentos:

- Contrato de Arrendamiento vigente.
- Alquiler con página de firmas.
- Titulo de Vivienda en su nombre.

Verificación de Tutela

- Certificado de Nacimiento
- Documentos de Custodia de la Corte, esto incluye sentencias de divorcio.

Si necesita visitar la Oficina de Alumnos, por favor haga una cita en su sitio electrónico:

http://pupil.ocps.net

Estos son los otros condados escolares
que rodean a Orlando:

Osceola County Schools

http://www.osceola.k12.fl.us/Spanish%20Website/Spanishwebsite.asp

Polk County Schools

http://www.polk-fl.net/parents/spanish/default.htm

Brevard County Schools

http://www.edline.net/pages/Brevard_County_Schools/

Volusia County Schools

http://myvolusiaschools.org/

Lake County Schools

http://lake.k12.fl.us/

10. Licencias de conducir

http://www.flhsmv.gov/Spanish/ddl/index.html

Cuando llegues a Orlando, uno de los primeros pasos es sacar una licencia de conducir del Estado de la Florida.

Esta licencia te dará el derecho a manejar vehículos motorizados en la Florida y tendrá tu foto, lugar de residencia, fecha de nacimiento, estatura, color de ojos y cabello.

Para poder obtener tu licencia necesitas lo siguiente:

- Pasar el examen de visión

- Certificado de Nacimiento

- Tarjeta de Seguro Social

- Prueba de residencia (Léase o contrato de arrendamiento)

- Si cambiaste tu apellido por matrimonio tienes que traer tu acta de matrimonio

Te sugiero hagas una cita por el link proveído y que tengas la documentación necesaria cuando vayas a tu cita.

Esta licencia será tu identificación principal cuando busques trabajo, escuela para tus hijos, seguro de auto, abras cuentas de banco y otros servicios.

Información General

Los siguientes exámenes se administran en las oficinas de la licencia de conducir y podrían o no requerirse para el tipo de licencia o tarjeta de identificación que usted solicite. La relación de exámenes incluida en esta información le ayudará a determinar la prueba, o pruebas, que usted tendrá que completar.

Audición – A los conductores sordos que soliciten una licencia, o quienes no puedan oír una conversación en un tono de voz normal, se les restringirá a conducir con un espejo retrovisor exterior que debe montarse del lado izquierdo del vehículo, o a usar un aditamento para la audición.

Visión – En todas las oficinas de la licencia de conducir se hace un examen de la vista utilizando una máquina ocular ubicada sobre el mostrador. Los resultados de agudeza de visión peores de 20/40 son referidos a un especialista de la visión. La ceguera de colores no es impedimento para obtener una licencia de conducir.

Letreros del Camino – Consiste de 20 preguntas relativas a los letreros del camino, con respuestas de selección múltiple.

Reglas del Camino – Consiste de 20 preguntas relativas a las leyes del tránsito y la seguridad, con respuestas de selección múltiple.

Examen Práctico – Usted debe proveer el vehículo para el examen práctico. El vehículo debe tener una chapa válida, prueba de seguro, y pasar la inspección vehicular. Durante el examen práctico, el examinador observará su capacidad para controlar el vehículo y el modo en que usted obedece las leyes del tránsito.

Los Manuales de Conductores de la Florida, Manuales de Motociclistas, y Manuales de Conductores de Vehículos Comerciales están disponibles en sus oficinas de la licencia de conducir locales. Los manuales no tienen ningún costo, y pueden devolverse para su reutilización.

Nota: Quienes soliciten una licencia de conducir comercial deben tener en cuenta que se trata de una licencia profesional, con mayores requisitos de pruebas que otras licencias. Si usted desea solicitar una licencia de conducir comercial, obtenga un manual de estudio antes de someterse a las pruebas.

Cargos de la Licencia

Primera licencia de la Florida (excepto las comerciales)

$48.00

Clase E Renovación

$48.00

Clase E Restringida (de aprendiz)

$48.00

Reemplazo

$25.00

Robada (debe haberse hecho denuncia)

Ninguno

Comercial (CDL)

$75.00

Endorses

$7.00

Cargo de re-examen escrito

$10.00

Cargo de re-examen de destrezas/práctico

$20.00

11. <u>Auto, título, seguro y tablilla</u>

En Orlando, Florida, tener un automóvil es bien importante, pues las distancias son largas y la transportación pública no es la mejor, ni tampoco sirven a todas las horas o en todos los lugares.

Por lo tanto te sugiero que o traigas tu propio auto o traigas dinero en efectivo para comprarte uno.

Comprar Automobil

Aquí hay muchos lugares para comprar autos.

Yo te sugiero que al principio compres un auto usado en efectivo, para que así no tengas una quota mensual de auto y que así no tengas que pagar un seguro más caro por tener auto financiado.

Te sugiero busques auto en:

www.autotrader.com

www.ebay.com

www.orlandosentinel.com

Transporte de Auto

http://www.dasautoshippers.com/shipping-quote

Seguro para su auto

La ley de la Florida exige que tengas seguro de auto en todo momento y sin seguro de auto el Estado no te provee tablilla ni marbete para poner en tu auto.

Después de comprar auto, hay que ir a una compañía de seguros y comprar el seguro apropiado.

Si estas financiando el auto, la compañía de financiamiento te va a exigir un seguro "full coverage".

Si pagaste por el auto en efectivo, el Estado solo te exige un seguro PIP/PD que cuesta menos.

En la oficina de seguros recibirás tu póliza y prueba de seguro.

Te sugiero:

http://www.directgeneral.com/

Departamento de Vehículos Motorizados (DMV)

Con prueba de seguro y tu licencia de conducir puedes ir al Departamento de Vehículos Motorizados (DMV) para registrar el Titulo del auto en tu nombre y ellos te asignan una tablilla para tu auto y un marbete para esa tablilla que expira el día que cumplas años y la cual hay que renovar todos los años.

Si no pagas el seguro todos los meses, te suspenden la póliza del seguro y tu licencia de conducir. Si manejas un vehículo motorizado en el Estado de la Florida sin licencia de conducir, puedes ir preso si te para la policía.

Aquí son bien estrictos con esas cosas.

Te sugiero:

http://www.flhsmv.gov/Spanish/ddl/index.html

12. Servicios del Gobierno / Ayudas

Información sobre los programas de asistencia

- Programa de Asistencia Nutricional Complementaria

- Programa de Asistencia Médica

- Asistencia Temporaria en efectivo para familias con niños

- Plan 8

Toda esa información, en Español, se encuentra en:

http://www.myflorida.com/accessflorida/sp/index.html

www.hud.com

Heart of Florida United Way organization

(407) 835-0900

Orange County Government.

(407) 836-6500

Second Harvest Food Bank of Central Florida Inc.

(407) 295-1066

13. <u>Servicios Médicos</u>

Orlando Health

http://www.orlandohealth.com/orlandohealth/index.aspx

Florida Hospital

https://www.floridahospital.com/

14. <u>Clases de Ingles</u>

Mid Florida Tech

2900 W Oak Ridge Rd

Orlando, FL 32809

(407) 251-6000

$80.00 por semestre.

15. <u>Diversión</u>

Walt Disney World

3111 World Dr.

Lake Buena Vista, FL 32830

(407) 939-6244

Universal Studios® Orlando

6000 Universal Blvd.

Orlando, FL 32819

(407) 363-8000

SeaWorld Orlando

7007 SeaWorld Dr.

Orlando, FL 32821

(888) 800-5447

Discovery Cove

6000 Discovery Cove Way

Orlando, FL 32821

(877) 557-7404

Pirate's Cove

8501 International Dr.

Orlando, FL 32819

(407) 352-7378

La Nouba - Cirque du Soleil

1478 East Buena Vista Dr.

Lake Buena Vista, FL 32830

(407) 939-7600

Orlando Science Center

777 E. Princeton St.

Orlando, Florida 32803

(888) 672-4386

Ripley's Believe It Or Not

8201 International Dr.

Orlando, Florida 32819

(407) 363-4418

16. Otros Recursos para buscar trabajo

Walt Disney World

Number of Employees: 53,500

3111 World Dr.

Lake Buena Vista, FL 32830

(407) 939-6244

Orange County Public Schools

Number of Employees: 53,500

445 W. Amelia St.

Orlando, FL 32801

(407) 317-3200

State of Florida Government

Number of Employees: 17,200

400 S. Monroe St.

Tallahassee, FL 32399

(850) 488-7146

Adventist Health System

111 North Orlando Ave.

Winter Park, FL 32789

(407) 647-4400

Florida Hospital

601 East Rollins St.

Orlando, FL 32803

(407) 303-5600

Wal-Mart Stores In

http://jobs.walmart.com/orlando-jobs

Orlando Regional Healthcare System

1414 Kuhl Ave.

Orlando, FL 32806

(321) 843-7000

Universal Studios® Orlando

6000 Universal Blvd.

Orlando, FL 32819

(407) 363-8000

Federal Government

Multiple locations

(800) 333-4636

Publix Supermarkets, Inc.

3300 Publix Corporate Parkway

Lakeland, FL 33811

(863) 688-1188

17. Presupuesto mensual

Familia de 2 Adultos / 2 Niños

$1400   Casa de 3 Dormitorios

$ 400   Comida @ $100 por semana

$ 200   Gasolina @ $50 por semana

$ 150   Electricidad

$ 140   Cable, internet y telefono

$ 150   Seguro de auto

$2300   Gastos básicos mensuales

Esto no incluye otros gastos como recortes de pelo, almuerzo escolar, ropa, zapatos, gastos personales o entretenimiento.

Aquí tienes una idea de cuantos serian tus gastos mensuales.

18. Cuánto dinero debo traer para empezar una nueva vida en Orlando, Florida?

Mínimo deberías traer esto:

Auto - Traer uno o comprar uno aquí es el primer paso

Puedes comprar uno bueno, usado por aprox $3,500

$1,000	Un mes de alquilar hotel
$1,400	Primer mes de renta
$1,400	Deposito de un mes de renta
$ 600	Licencia de conducir, registrar auto y tablilla
$ 600	Comida, gasolina y toll por un mes
$ 375	Deposito de Electricidad
$ 150	Cable, internet, teléfono
1$ 150	Depósito Seguro de Auto

Muebles, enseres eléctricos y domésticos serian extra.

Espero este Manual sea de ayuda para los que quieren comenzar una nueva vida en Orlando, Florida.

Estamos aquí para ayudarte...

Autor:

Joe Rivera

Orlando, Florida 32819

407-300-6318

www.paraisoenorlando.com